복 있는 사람

오직 여호와의 율법을 즐거워하여 그 율법을 주야로 묵상하는 자로다.
저는 시냇가에 심은 나무가 시절을 좇아 과실을 맺으며 그 잎사귀가 마르지 아니함 같으니
그 행사가 다 형통하리로다.(시편 1:2-3)

기도를 잃어버린 당신에게

J. C. Ryle

A Call to Prayer

기도를 잃어버린 당신에게

J. C. 라일 지음 | 장호준 옮김

복 있는 사람

기도를 잃어버린 당신에게

2012년 6월 4일 초판 1쇄 발행
2023년 11월 24일 초판 13쇄 발행

지은이 J. C. 라일
옮긴이 장호준
펴낸이 박종현

(주) 복 있는 사람
서울특별시 마포구 연남동 246-21 (성미산로 23길 26-6)
Tel 723-7183 (편집), 723-7734 (영업·마케팅) | Fax 723-7184
hismessage@naver.com
등록 1998년 1월 19일 제1-2280호
ISBN 979-11-7083-066-5

A Call to Prayer
by J. C. Ryle

Copyright ⓒ 2002 by Charles Nolan Publishers
Originally published in English under the title
A Call to Prayer
Published by Charles Nolan Publishers
Moscow, Idaho, U.S.A.
All rights reserved.

Translated and used by the permission of Charles Nolan Publishers
This Korean edition Copyright ⓒ 2012 by The Blessed People Publishing Inc., Seoul, Korea.

이 책의 한국어판 저작권은 Charles Nolan Publishers와 독점 계약한 (주) 복 있는 사람이 소유합니다.
신저작권법에 의해 한국 내에서 보호를 받는 저작물이므로 무단전재와 복제를 금합니다.

차례

1장
기도해야 하는 이유   _11

2장
기도하지 않는 사람들에게   _47

3장
기도하는 사람들에게   _55

> "예수께서 그들에게 항상 기도하고 낙심하지 말아야 할 것을 비유로 말씀하여"(눅 18:1).

> "모든 사람을 위하여 간구와 기도와 도고와 감사를 하되"(딤전 2:1).

단도직입적으로 물어볼 것이 있습니다. 여러분, 기도합니까?

이 질문에 대답할 수 있는 사람은 오직 여러분 자신뿐입니다. 여러분이 공적인 예배에 오는지 안 오는지는 목사가 압니다. 가족기도 시간을 갖는지는 가족들이 압니다. 하지만 개인적으로 기도하는지는 오직 여러분과 하나님만이 압니다.

지금부터 제가 하는 말을 잘 들어 보십시오. 너무 개인적인 질문이라고 기분 나빠할 필요는 없습니다. 하나님 앞에서 바른 마음이라면 전혀 거리낄 것이 없는 질문입니다. 입으로 단순히 기도를 말하는 것으로 기도한다고 어물쩍 넘기지 마십시오. 기도를 말하는 것과 기도하는 것은 엄연히 다릅니다. 꼭 그렇게 물어야 하느냐고 말하지 마십시오. 제가 왜 이런 질문을 해야만 하는지 이제 곧 알게 될 것입니다.

1장 기도해야 하는 이유

먼저, 기도를 해야 하는 이유들을 살펴보겠습니다.

1. 구원을 위해서 기도가 절대적으로 필요합니다.
예, 맞습니다. 구원을 위해서 기도가 절대적으로 필요합니다. 아직 지각이 충분히 발달하지 않은 어린아이나 심한 정신적 장애가 있는 사람을 구원하기 위해서 기도가 필요하다는 말이 아닙니다. 이교도를 구원하기 위해 필요하다는 말도 아닙니다. 적게 맡은 자들에게 적게 요구하는 것은 당연한 일임을 저도 잘 압니다. 우리와 같이 기독교 신앙을 자유롭게 가질 수 있는 곳에 살면서 스스로 그리스도인이라고 일컫는 사람의 구원을 위해서 절대적으로 필요하다는 말입니다. 그러므로 이렇게 이야기할 수 있습니다. 그 누구이든지 기도하지 않는 사람은 구원받기를 기대할 수 없습니다.

저 또한 누구 못지않게 은혜로 얻는 구원을 믿는 사람입니다. 지구상에 있는 가장 흉악한 죄인에게라도 값없이 얻는 죄사함을 기꺼이 선포할 것입니다. 죄인이 죽어 가는 침상 맡에서 저는 전혀 주저하지 않고 "지금이라도 주 예수 그리스도를 믿으십시오. 그러면 구원을 얻을 것입니다"라고 말할 것입니다. 하지만 죄사함을 구하지 않고도 구원을 얻을 수 있다는 말은 성경에서 들어 본 적이 없습니다. 중심으로 "주 예수여, 저를 구원해 주십시오"라고 부르짖지 않는 사람에게 죄사함이 선포된 것을 읽어 보지 못했습니다. 자신이 드린 기도 때문에 구원받는 사람도 보지 못했지만, 기도하지 않는데 누구나 구원받을 것이라는 말 역시 들어 보지 못했습니다.

성경을 꼭 읽을 줄 알아야 구원받는 것은 아닙니다. 글을 모르거나 앞을 보지 못하지만 중심에 그리스도를 모시고 있을 수 있습니다. 공적인 설교를 통해 복음을 듣는 것 역시 구원을 위해 절대적으로 필요한 것이라고까지 할 수는 없습니다. 복음이 설교되지 않는 곳에 살 수도 있고 중병에 걸려

기도해야 하는 이유

일어나지 못하거나 말씀을 들을 수 없어도 그리스도를 중심에 모실 수 있기 때문입니다. 하지만 기도에 대해서는 그렇게 말할 수 없습니다. 구원을 얻기 위해서는 기도가 절대적으로 필요합니다.

건강이나 공부에 왕도 같은 것은 없습니다. 수상이나 보통 사람, 왕이나 가난한 사람 모두 몸과 지성의 필요를 채워야 건강하고 또 무엇을 배울 수 있습니다. 누가 누구를 대신해서 먹거나 마시거나 잠잘 수 없습니다. 그렇게 하는 사람은 아무도 없습니다. 누군가 자신을 위해 알파벳을 대신 배워 줄 수 없는 법입니다. 모두 자신이 직접 해야 하는 일입니다. 그렇지 않으면 전혀 건강할 수도 배울 수도 없습니다.

영혼도 마찬가지입니다. 영혼의 건강과 안녕에 절대적으로 필요한 것들이 있습니다. 영혼의 안녕을 위해서는 본인이 직접 나서야 합니다. 각자가 회개해야 합니다. 그리스도께로 돌이켜야 합니다. 각자 하나님께 아뢰고 기도해야 합니다. 스스로 그렇게 해야 합니다. 아무도 대신해 줄 수 없습니다. 기도하지 않고 사는 것은 곧 하나님 없이 사는 것입니다. 그리스도 없이 사는 것입니다. 은혜 없이 사는 것입니다. 소망 없이 사는 것입니다. 천국 없이 사는 것입니다. 지옥으로 난 길로 가는 것입니다. 이제 제가 왜 "기도합니까?"라고 묻지 않을 수 없는지 알 수 있을 것입니다.

2. 기도하는 습관은 참된 그리스도인임을 나타내는 가장 확실한 증거 가운데 하나입니다.

이 점에 있어서 이 땅에 있는 모든 하나님의 자녀는 모두 동일합니다. 거듭난 생명과 신앙의 실체가 시작된 바로 그 순간부터 기도도 함께 시작됩니다. 갓 태어난 아이가 살아 있음을 보여주는 첫 증거가 바로 숨을 쉬는 것인 것처럼, 사람이 거듭났을 때 보이는 첫 생명의 움직임 역시 기도하는 것입니다.

기도는 하나님께서 택하신 모든 사람이 공통적으로 갖는 표징입니다. "밤낮 부르짖는 택하신 자들"이라고 성경은 말씀합니다(눅 18:7). 성령이 이들을 새로운 피조물로 지으시고, 중심으로부터 스스로 양자되었음을 알게 하시며, "아바 아버지"라 부르짖게 하십니다(롬 8:15). 그들을 다시 살리실 때, 주 예수께서는 그들에게 목소리와 혀를 주시면서

"너는 더 이상 말 못하는 자가 아니다"라고 하십니다. 하나님은 말 못하는 자녀를 두신 적이 없습니다. 갓 태어난 아이가 우는 것처럼, 기도는 새롭게 태어난 본성의 일부입니다. 거듭난 사람은 하나님의 은혜와 긍휼이 얼마나 필요한지 날마다 절감합니다. 스스로가 얼마나 보잘것없고 나약한 자인지 깨닫습니다. 그러므로 기도는 그들의 일상입니다. 기도하지 않을 수 없는 것입니다.

창세기부터 요한계시록까지 성경에 나오는 하나님의 성도의 삶을 주의 깊게 살펴보면 그들은 하나같이 기도의 사람들이었습니다. 기도가 경건한 자들의 특징으로 드러납니다. 그들은 "하나님 아버지께 기도합니다." "주 예수 그리스도의 이름을 부릅니다." 반면 주님께 기도하지 않는 것은 악인들의 특징으로 드러납니다. "죄악을 행하는 자는……여호와를 부르지 아니하는도다"(시 14:4, 벧전 1:17, 고전 1:2).

성경이 기록된 이래로 이 땅에 살아온 많은 탁월한 그리스도인들의 전기를 주의 깊게 살펴봐도 그것과 다르지 않습니다. 부자도 있고 가난한 사람도 있습니다. 학식이 뛰어난 사람도 있고 그렇지 못한 사람도 있습니다. 성공회 교인도 있고 다른 교단에 속한 그리스도인도 있었습니다. 칼빈주의자도 있고 알미니안주의자도 있습니다. 예전禮典 사용하기를 좋아하는 사람도 있고 그렇지 않은 사람도 있습니다. 하지만 이들 모두에게서 공통적으로 드러나는 특징은, 그들이 하나같이 기도하는 사람이었다는 사실입니다.

우리 시대에 복음을 전하는 선교 단체들의 보고서를 봐도 이와 같은 특징들이 드러납니다. 이 땅 곳곳에서 하나님을 모르는 사람들이 복음을 영접했다는 기쁜 소식을 듣습니다. 아프리카, 뉴질랜드, 인도, 중국 등 세계 각처에서 회심의 소식이 들려옵니다. 이들은 모든 면에서 서로 다릅니다. 하지만 모든 선교 보고에서 어김없이 발견하는 한 가지 놀라운 사실이 있습니다. 인종이나 문화의 차이와 상관없이 회심한 모든 사람은 예외 없이 기도한다는 것입니다.

물론 마음도 없이 건성으로 기도할 수 있다는 사실을 모르는 바 아닙니다. 저는 단 한 번도 기도한다는 사실이 그 사람의 영혼에 대한 모든 것을 보여준다고 말한 적이 없습니다. 종교의 모든 다른 부분에서와 마찬가지로, 기도 역시 외식과 기만으로 할 수 있기 때문입니다.

그러나 기도하지 않는 것은, 그 사람이 아직 참된 그리스도인 아니라는 증거라고 분명히 말할 수 있습니다. 이들은 진정으로 자신의 죄를 느낄 수 없고 하나님을 사랑할 수 없습니다. 자신이 그리스도께 빚진 자인지도 알 수 없습니다. 거룩을 추구할 수도 없습니다. 천국을 바라고 인내하며 기다리지도 못합니다. 아직 거듭나지 못했기 때문입니다. 아직 새로운 피조물이 되지 않았기 때문입니다. 선택과 은혜와 믿음과 소망과 지식을 확신에 차서 자랑하며 무지한 사람들을 속일 수는 있을 것입니다. 하지만 기도하지 않는 사람의 입에서 나오는 말이라면 모두 허탄한 이야기에 불과합니다.

한 걸음 더 나아가, 실제로 역사하시는 성령의 모든 증거 가운데서 은밀히 전심으로 기도하는 습관만큼 거듭난 그리스도인의 확실한 증거라고 말할 수 있는 것도 없습니다. 잘못된 동기로 설교할 수 있습니다. 책을 쓸 수 있고, 유창한 연설을 할 수 있고, 선한 일에 열심을 내는 것처럼 보일 수도 있습니다. 하지만 결국 가룟 유다와 같이 그 거짓 증거가 드러납니다. 바른 마음으로 힘써 그러한 일들을 하지 않는 사람은, 좀처럼 기도의 골방으로 나아가 하나님 앞에 자기 영혼을 쏟아 놓는 법이 없습니다. 주님께서는 친히 기도를 회심의 가장 탁월한 증거로 확정하셨습니다. 주님이 다메섹에 있는 사울에게 아나니아를 보내실 때에, 그는 핍박자 사울에게 나아가기를 주저했습니다. 하지만 주님은 아나니아에게 무엇보다 그가 기도하고 있다는 증거를 주셨습니다. "그가 기도하는 중이니라"(행 9:11).

기도의 자리로 나아가기 전에도 사람의 마음에는 많은 것들이 떠오릅니다. 많은 확신과 갈망과 기대와 의도와 결심과 소망과 두려움 같은 것들 말입니다. 하지만 이런 것들은 성령이 일하시는 확실한 증거가 되지 못합니다. 경건하지 못한 사람에게서 볼 수 있는 것이며, 아무것도 아닌 것으로 드러날 때가 많습니다. 대개 아침 안개와 같이 잠시 있다가 사라져 버릴 뿐입니다. 상하고 통회하는 마음에서 우러나와 전심으로 드리는 기도는 이 모든 것을 더한 것보다 더 가치 있는 증거입니다.

죄인들을 악한 길에서 부르시는 성령은 대체로 아주 조금씩 그리스도를 알아가게 하십니다. 하지만 사람은 단지

기도해야 하는 이유

눈에 보이는 것으로 판단할 뿐입니다. 믿음이 있어야 의롭다 할 수 있듯이, 저는 감히 기도해야 믿음이 있다고 말하겠습니다. 자신이 믿는 하나님께 한 마디 기도도 못하는 사람에게 믿음이 있다고 할 수 있는지 의문입니다. 믿음의 처음 행위는 하나님께 말하는 것입니다. 몸에 생명이 있는 것처럼 신자의 영혼에는 믿음이 있습니다. 호흡으로 몸이 사는 것처럼 믿음은 기도로 삽니다. 숨을 쉬지 않고도 살 수 있는 몸이 있는지 저는 모르겠습니다. 어떻게 믿음이 있다는 사람이 기도하지 않을 수 있는지 이해가 되지 않습니다.

복음을 전하는 목사들이 기도의 중요성을 계속해서 강조하는 것은 새삼스러운 일이 아닙니다. 여러분이 그 사실을 꼭 깨닫기를 바라기 때문입니다. 그들은 여러분이 기도하고 있는지 알고 싶은 것입니다. 여러분이 교리에 대해 바르게 이해할 수 있습니다. 개신교 신앙에 대한 강한 애착을 갖고 있을 수도 있습니다. 이는 전혀 잘못된 것이 아닙니다. 하지만 그것은 머리에만 머무르는 지식일 수 있습니다. 자기가 속한 교파에서 가르치고 말하는 대로 무작정 따라가는 것일 수도 있습니다. 여러분이 진실로 은혜의 보좌를 아는지, 하나님에 대해 말할 뿐 아니라 하나님께 말하고 있는지 목사들은 알고 싶은 것입니다.

3. 신앙의 의무 가운데 개인기도만큼 소홀히 여겨지는 것도 없습니다.

우리는 신자라고 자처하는 사람들이 넘쳐 나는 시대를 살고 있습니다. 역사상 이 땅에 이처럼 많은 공예배 처소가 있은 때도 없습니다. 그 어느 때보다 많은 사람들이 예배에 참여합니다. 하지만 그에 비해 개인기도는 얼마나 소홀히 여기는지 모릅니다. 개인기도는 하나님과 우리 사이의 개인적이고 은밀한 기록입니다. 눈에 보이지 않기 때문에 무시하거나 지나치려는 유혹에 빠지기 쉽습니다.

신자라고 하는 수많은 사람들이 기도 한 마디 하지 않고 살아갑니다. 날마다 먹고 마시고 잠자고 출근하고 퇴근합니다. 하나님의 공기로 호흡하고 하나님의 땅을 여행하고 하나님의 긍휼을 즐깁니다. 언젠가는 죽을 육신을 가지고 살고 있고, 종국에는 심판과 영원이 기다리고 있습니다. 그러나 이들은 전혀 하나님께 말할 줄 모릅니다. 마치 도살당할

짐승과 같이 살아갑니다. 영혼이 없는 피조물처럼 지냅니다. 그 자비하신 손으로 생명과 호흡과 모든 것을 주어 살아가도록 하실 뿐 아니라, 그들의 영혼에 영원한 선고를 내리실 하나님께 한 마디도 하지 않고 지냅니다. 참으로 끔찍한 모습입니다. 사실 모든 사람의 은밀한 삶이 날마다 드러난다면, 이런 끔찍한 모습은 대부분 사람들의 삶의 현실인 것이 여실히 드러날 것입니다.

설령 기도한다고 해도 형식적으로 하는 사람들이 얼마나 많은지 모릅니다. 생각 없이 일정한 말들을 기계적으로 반복합니다. 어렸을 때 주워들은 몇 마디 말들로 간단하게 해치워 버립니다. 사도신경을 반복해서 암송하는 것으로 만족하는 사람도 있습니다. 그 속에는 간구가 전혀 들어 있지 않은 줄도 모르고 그렇게 합니다. 어떤 사람은 여기에 주기도문을 덧붙입니다. 이 엄중한 간구가 이루어지는 것에는 조금도 관심이 없습니다. 그저 습관적으로 기도할 뿐입니다.

제대로 된 기도문으로 기도하는 사람들조차 잠자리에 들기 전 또는 아침에 일어나 세수하고 옷을 입으면서 후다

닥 해치워 버립니다. 사람들은 자기가 하고 싶은 대로 원하는 때에 기도하면 된다고 생각할지 모르지만, 하나님이 보시기에 기도는 그런 것이 아님을 알아야 합니다. 무슨 말을 하는지조차 모르고 하는 말들은 우상 앞에서 미친 듯이 북을 두들겨 대는 것과 같습니다. 이런 말은 우리 영혼에 아무런 유익이 없습니다. 마음 없는 말은 그저 입술과 혀가 움직여 내는 소리일 뿐이지, 기도는 아닙니다. 다메섹으로 내려가는 길에서 주님이 사울을 만나 주시기 전부터도 사울은 분명 오랜 기도를 많이 드렸을 것입니다. 하지만 주님이 "그가 기도하는 중이니라"고 하신 것은, 그가 상한 심령이 된 이후입니다.

이런 사실이 새삼스럽습니까? 잘 들어 보십시오. 제가 그저 하는 말이 아닙니다. 제 말이 근거도 없이 허황된 말로 들립니까? 제 말을 잘 들어 보십시오. 그러면 제가 진리를 말하고 있음을 알 것입니다.

사람은 결코 저절로 하나님께 기도할 수 있는 존재가 아닙니다. "육신의 생각은 하나님과 원수가 되나니"(롬 8:7). 사람의 마음은 항상 하나님께로부터 도망치려 하고 하나님과 아무 상관이 없는 쪽으로 기울어져 있습니다. 인간이 하나님께 느끼는 감정은 두려움뿐입니다. 자신의 죄가 무엇인지 깨닫지도 못합니다. 자신의 영적인 필요를 느끼지도 못합니다. 보이지 않으므로 믿음 없이 살아갑니다. 거룩이나 천국에 대한 갈망도 전혀 없습니다. 그렇다면 이런 사람이 무엇 때문에 기도하려고 하겠습니까? 대부분의 사람들이 이런 것들에 대해서는 외인에 불과합니다. 넓은 길로 다니는 사람이 대부분입니다. 이런 사실을 아는 제가 어찌 기도하는 사람이 많다고 생각할 수 있겠습니까?

기도는 인기를 끌 만한 것이 아닙니다. 많은 사람들이 부끄러워하고 감추려 하는 일 가운데 하나입니다. 사람들은 부질없는 희망을 이어 가고 약속을 어기더라도, 자신이 규칙적으로 기도하는 사람이라는 사실을 공적으로 알리기를 꺼립니다. 자신이 누구인지 전혀 모르는 사람과 한 방에 누워 잠을 자야 한다면 기도하지 않고 잠자리에 들 사람이 얼마나 많은지 모릅니다. 옷을 잘 차려입거나 똑똑하고 상냥한 사람이라는 소리 듣는 것은 다 좋아하지만 기도하는 일에는 그렇지 않습니다. 이처럼 기도는 많은 사람들이 인정하기조차 꺼려 하는데, 그것을 아는 이상 어찌 많은 사람들이 기도하고 있을 것이라 생각할 수 있단 말입니까? 그래서 저는 기도하는 사람들이 아주 적을 것이라고 생각할 수밖에 없습니다.

많은 사람들이 어떤 삶을 사는지 모른단 말입니까? 수없이 많은 사람들이 무수한 날을 죄 가운데 사는 것을 보는데도, 그런 죄를 이기려고 밤낮으로 기도하는 사람들이 많다고 생각할 수 있겠습니까? 날마다 세상과 그 속에 있는 것들을 추구하고 그 속에 빠져서 살아가는 사람들이 세상을 대적하여 기도하리라고 생각할 수 있겠습니까? 하나님을 섬기는 데 전혀 관심을 보이지 않는 사람들이 하나님을 섬기려고 은혜를 구한다고 믿으란 말입니까? 대부분의 사람들은 하나님께 전혀 기도하지 않습니다. 기도한다고 해도 그것은 기도가 아니라 마음 없이 그저 읊조리는 것에 불과할 뿐입니다. 이것은 정오의 햇빛처럼 너무나 분명한 사실입니다. 그렇게 기도하는 것은 기도를 하지 않는 것과 다름없습니다. 기도하는 것과 죄를 짓는 것은 결코 한 마음에서 같이 할 수 없습니다. 기도는 죄를 소멸하고, 죄는 기도를 질식시

킵니다. 죄 가운데 살아가는 사람들이 이토록 많은데 어찌 기도하는 사람들이 많다고 생각할 수 있겠습니까!

많은 사람들이 어떻게 죽어 가는지 모르는지요? 임종을 앞둔 많은 사람들이 하나님을 모르는 사람처럼 죽음을 맞이합니다. 복음을 모르는 것은 물론 하나님께 무엇을 어떻게 말해야 할지도 모릅니다. 하나님께 나아가려고 하는 그들의 모습은 끔찍할 정도로 어색하고 이상할 뿐입니다. 전혀 하나님을 경험한 적이 없는 것 같습니다. 마치 이제껏 하나님께 이야기해 본 적이 없어 누가 자기를 하나님께 소개해 주기만을 바라는 사람 같습니다. 병이 들어 죽음을 앞두고 목사가 자신의 임종을 지켜 주기를 초조하게 기다리는 사람에 대한 이야기를 들어 본 적이 있습니다. 그는 목사가 자기를 위해 곁에서 기도해 주기를 바랐습니다. 목사는 그에게 무엇을 기도해 줄지 물었습니다. 하지만 정작 무엇을 기도해 달라고 할지를 그는 모릅니다. 자기 영혼을 위해 하나님께 구해 주기를 바라는 것을 그는 도무지 알지 못합니다. 임종의 순간에조차 그저 형식적인 목사의 기도를 바랄 뿐입니다. 죽음을 맞이하는 순간이라고 달라지지 않습니다. 그럴 수밖에 없습니다. 그 순간, 임종을 맞이하는 사람의 가장 깊은 곳에 있는 은밀한 것들이 그대로 드러나기 때문입니다. 병들어 죽어 가는 많은 이들의 임종을 목도한 저로서는, 여러분과 같이 멀쩡하게 돌아다니는 많은 사람들이 기도하는 사람이라고 생각할 수 없습니다.

저는 여러분의 마음을 모릅니다. 영적인 일들을 개인적으로 어떻게 생각하고 누리고 있는지 알지 못합니다. 그러나 성경을 유심히 관찰하고 세상을 보면서, 지금 제가 여러분께 물어야 할 가장 긴급한 질문으로 "**기도합니까?**" 외에는 다른 것이 생각나지 않습니다.

4. 기도는 큰 위로를 주는 신앙의 행위입니다.

하나님께서는 사람들이 기도하기만 하면 평안을 주실 만한 모든 것을 갖고 계십니다. 하나님 편에서는 모든 것이 준비되어 있습니다. 예상되는 모든 반대의 것들도 다 아십니다. 어떤 어려움이 있을지도 아시고 동시에 그 어려움을 해결할 방안도 잘 아십니다. 그분 앞에서는 어그러진 것들이 곧게 펴지고 거친 곳이 부드럽게 됩니다. 기도하지 않는 사람이

댈 수 있는 핑계는 없습니다.

아무리 무가치한 죄인이라도 성부 하나님께 가까이 나아갈 수 있는 길이 있습니다. 예수 그리스도께서 십자가에서 우리를 위한 제물이 되심으로 그 길을 여셨습니다. 죄인이라고 해서 하나님의 거룩과 공의 때문에 놀라 뒤로 물러설 필요가 없습니다. 그리스도의 이름을 힘입어 하나님께 부르짖으십시오. 그러면 은혜의 보좌에 앉으셔서 기꺼이 듣기 원하시는 하나님을 발견할 것입니다. 예수님의 이름은 우리의 기도가 하나님의 보좌로 나아가도록 하는 만능열쇠입니다. 사람은 그분의 이름을 힘입어 담대함으로 하나님께 나아갈 수 있습니다. 그분이 들으신다는 확신을 가지고 간구할 수 있습니다. 하나님께서는 기꺼이 죄인의 기도를 들으십니다. 생각해 보십시오. 엄청난 위로와 격려가 되지 않습니까?

하나님께 나아오는 자를 도우려고 늘 기다리시는 대언자와 중보자가 계십니다. 그분은 예수 그리스도이십니다. 그분은 우리의 기도에 그분 자신의 강력한 중보기도의 향기를 섞으십니다. 잘 어우러지게 하셔서 하나님의 보좌 앞에 아주 향기롭게 올려 드립니다. 우리의 기도는 보잘것없지만 우리의 대제사장과 맏형이신 그분 손에 올려지면 능력과 권세를 힘입습니다. 서명이 없는 수표는 쓸모없는 종이 조각에 불과합니다. 한 번의 펜 놀림으로 그 수표의 가치가 매겨집니다. 타락한 아담 자손의 보잘것없는 기도는 그 자체로 연약하지만, 주 예수님의 손으로 보증이 되면 많은 것을 이룹니다. 로마에는 로마 시민 누구라도 도움을 요청할 수 있도록 집무실 문을 항상 열어 놓는 관원이 있었습니다. 그와 같이 우리 주 예수님은 그분의 귀를 활짝 열어 놓고 계셔서, 자비와 은혜를 구하는 모든 이들의 부르짖음을 들으십니다. 그들을 돕는 것이 그분의 일입니다. 그들의 기도는 그분의 기쁨입니다. 이것을 생각해 보십시오. 엄청난 위로와 격려가 되지 않습니까?

기도 가운데 우리의 연약함을 기꺼이 도우시는 성령이 함께 계십니다. 하나님께 나아가 기도할 때 우리를 돕는 일은, 성령께서 하시는 특별한 일 가운데 하나입니다. 무엇을 말할지 몰라 두려워하고 낙심할 필요가 없습니다. 우리의 기도를 도와 달라고 구하면 성령께서 기도할 말을 주실 것입니다. 하나님의 백성이 드리는 기도는 하나님의 성령이 마음에 주시는 소원을 따라 드리는 기도입니다. 그것은 하나님의 백성 안에 은혜와 간구의 영으로 거하시는 성령의 역사입니다. 하나님의 백성에게는 하나님이 기도를 들으실 것이라는 분명한 소망이 있습니다. 단순히 우리의 힘으로 기도하는 것이 아닙니다. 성령이 우리 안에서 간구하시는 것입니다. 한번 생각해 보십시오. 이 얼마나 위로와 격려가 되는 사실입니까?

기도하는 사람에게 주시는 너무나 크고 소중한 약속이 있습니다. 예수께서 "구하라 그리하면 너희에게 주실 것이요, 찾으라 그리하면 찾아낼 것이요, 문을 두드리라 그리하면 너희에게 열릴 것이니"라고 말씀하셨을 때 의도하신 것이 무엇이었습니까? "구하는 이마다 받을 것이요, 찾는 이는 찾아낼 것이요, 두드리는 이에게는 열릴 것이니라"(마 7:7, 8). "너희가 내 이름으로 무엇을 구하든지 내가 행하리니 이는 아버지로 하여금 아들로 말미암아 영광을 받으시게 하려 함이라. 내 이름으로 무엇이든지 내게 구하면 내가 행하리라"(요 14:13, 14). 한밤중에 찾아와 끈질기게 부르짖는

과부의 비유에서 주님이 무엇을 말씀하십니까?(눅 11:5, 18:1) 이 말씀들을 생각해 보십시오. 이 말씀들이 기도를 독려하지 못한다면 제 말은 더 이상 아무 의미 없는 것이라 생각해도 좋습니다.

성경에는 기도의 위력을 보여주는 놀라운 예들이 많이 있습니다. 아무리 힘들고 어려워도 기도로 이루어지지 않는 일이 없습니다. 도무지 불가능해 보이고 속수무책인 일들도 기도를 통해 이루어집니다. 불이든지 물이든지 뭍이든지 바다 한가운데든지, 기도로 역사하지 못할 곳은 없습니다. 기도가 홍해도 열었지 않습니까! 반석에서 물을 내고 하늘에서 떡을 내리게 했습니다. 기도로 태양이 멈추어 섰습니다. 엘리야의 기도로 하늘에서 불이 내려왔습니다. 기도로 아히도벨의 모략이 어리석은 것으로 드러났습니다. 기도로 산헤립의 군대가 패주했습니다. "나는 수십 만의 군대보다 존 낙스John Knox의 기도가 더 두렵다"라고 말한 메리 여왕의 말은 사실입니다. 기도로 병든 사람이 나았습니다. 기도로 죽은 자가 살아났습니다. 기도로 영혼이 회심합니다. 한 감독이 아우구스티누스의 어머니에게 "기도하는 어머니의 자식은 결코 망하는 법이 없습니다"라고 말했습니다. 신자는 기도와 고난과 믿음으로 무엇이든 할 수 있습니다. 양자의 영이 있는 사람에게 불가능한 일은 아무것도 없습니다. 모세가 패역한 이스라엘 자녀들을 위해 중보의 기도를 드릴 때 하나님께서는 뜻을 돌이키시고 그들에게 내리시겠다던 재앙을 거두셨습니다(출 32:14). 소돔에 긍휼 베푸시기를 아브라함이 구하는 동안에는 하나님은 긍휼의 손을 거두지 않으셨습니다. 아브라함이 기도하기를 그칠 때까지 계속 그렇게 하셨습니다. 생각해 보십시오. 이 얼마나 큰 격려가 되는 사실입니까?

한 사람으로 하여금 신앙의 진보를 나타내도록 하기 위해 제가 지금까지 기도에 대해 말한 것들보다 더 필요한 것이 어디 있겠습니까? 죄인들이 은혜의 보좌로 나아가도록 모든 걸림돌을 제거하는 데 기도보다 더 필요한 것이 어디 있겠습니까? 지옥의 마귀들이 자기들 앞에 그런 문이 있다면 무저갱이 쩌렁쩌렁 울릴 만큼 기뻐 뛸 것입니다.

그렇다면 일생에 걸쳐 이런 영광스러운 위로와 격려의 방편을 소홀히 여긴 사람들의 최후는 어떻겠습니까? 결국 기도 한 마디 제대로 해보지 못한 채 죽은 영혼을 위해서 무슨 말을 할 수 있겠습니까? 정말 여러분이 그런 사람으로 드러나지 않기만을 바랄 뿐입니다. 그러므로 제가 다시 한번 여러분에게 **"기도합니까?"** 라고 물을 수밖에 없는 것입니다.

5. 기도에 진력하는 것이야말로 탁월한 경건에 이르는 비결입니다.

참된 그리스도인들 가운데서도 많은 차이가 있습니다. 하나님의 군대에도 가장 탁월한 병사가 있는 반면에, 가장 뒤처지는 병사가 있기 마련입니다.

모두가 믿음의 선한 싸움을 싸우지만, 그중에는 다른 병사들보다 더 용감하게 싸우는 병사가 있습니다. 이들 모두가 주의 일을 하지만 어떤 그리스도인은 다른 그리스도인들보다 훨씬 많은 일을 합니다. 모두가 주 안에서 빛을 발하지만, 어떤 사람은 더 밝게 빛납니다. 모두가 같은 경주를 하지만, 어떤 사람은 다른 사람들보다 더 빨리 달립니다. 이들 모두가 하나님과 구주를 사랑하지만, 어떤 사람은 더 많이 사랑합니다. 모든 참된 그리스도인들에게 묻습니다. 정말

기도해야 하는 이유

그렇지 않습니까?

주의 백성 가운데는 회심한 순간부터 전혀 자라지 않는 것처럼 보이는 사람들이 있습니다. 거듭나기는 했지만 평생을 영적 어린아이로 남아 있는 자들입니다. 이런 사람들에게서 듣는 말이라고는 항상 옛날에 일어난 일에 대한 것뿐입니다. 영적 열정도 없고, 자기가 속한 아주 작은 무리 외에는 별 관심도 없습니다. 십 년 전에 본 모습 그대로입니다. 그리스도인으로서 이 사람들 역시 이 땅을 지나가는 순례자이지만, 구약성경에 나오는 기브온 거민들과 같은 순례자입니다. 그들의 양식은 항상 말라비틀어져 곰팡이가 슬어 있고, 그의 신발은 항상 지저분하며, 그들의 옷은 헤지고 구멍이 숭숭 나 있습니다. 이런 말을 하는 것이 정말 서글플 따름입니다. 참된 그리스도인들에게 묻습니다. 제 말이 그릇되었습니까?

이와 달리 주님의 백성 가운데는 항상 자라가는 사람들이 있습니다. 비온 뒤 풀이 자라는 것처럼 자라납니다. 이집트에서 불어난 이스라엘 백성처럼 자라납니다. 때로 지치기도 하지만 기드온처럼 항상 자라가고자 애를 씁니다. 은혜

위에 은혜를 누리고, 믿음에서 믿음으로 나아갑니다. 더욱 더 강건해져 갑니다. 이들을 만날 때마다 마음이 훨씬 넓어진 것을 봅니다. 영적인 키가 성큼 자라 보입니다. 해가 다르게 신앙이 자라고 더 밝게 드러납니다. 믿음의 실체를 증거하는 선행에 힘씁니다. 선한 일을 행하는데도 쉽게 지치지 않습니다. 위대한 일을 시도하고 실제로 그런 일을 해냅니다. 실패하면 다시 시도합니다. 넘어지면 다시 일어납니다. 그럼에도 스스로를 보잘것없는 무익한 종이라 여깁니다. 자신이 한 일은 아무것도 없다고 생각합니다. 이런 사람들을 통해 신앙이 사랑스럽고 아름다운 것으로 드러납니다. 회심하지 않은 사람들조차 이들을 칭찬하지 않을 수 없습니다. 세상에서 가장 이기적인 사람들조차 이들에게 후한 평가를 내립니다. 이런 사람들을 만나고, 이들과 함께 지내며, 이들의 이야기를 듣는 것은 정말 기분 좋은 일입니다. 이들은 마치 모세와 같이 하나님과 함께 있다가 금방 내려온 사람들처럼 보입니다. 이들과 헤어지고 돌아오는 길은 마음이 훈훈합니다. 마치 우리 영혼이 한참 따뜻한 불을 쬐고 온 것 같습니다. 물론 이런 사람들이 드물다는 것을 저도 알고 있습니다.

　방금 묘사한 이런 차이가 어디서 오는 것일까요? 똑같은 신자인데도 누구는 다른 사람보다 더 밝게 빛나고 더 거룩한 이유가 무엇입니까? 제가 믿기로, 스물에 열아홉은 개인기도에 힘쓰느냐 그렇지 않느냐의 차이에서 옵니다. 경건하지 못한 사람은 대개 기도를 하지 않습니다. 반대로 탁월하게 경건한 사람은 개인기도에 힘을 쏟습니다.

　이런 말에 깜짝 놀라거나 불편해 하는 사람들이 있을 것입니다. 거룩을 소수만 추구할 수 있는 특별한 은사로 생각하는 사람들이 상당히 많습니다. 이들은 거룩을 자신과 상관없는 요원한 것으로 생각합니다. 책 속에서나 동경할 뿐입니다. 주변에 거룩한 삶을 사는 모범을 갖는 것을 멋진 일로 생각합니다. 하지만 거룩을 소수만이 누리는 특별한 은사로 생각해서 자신과 상관없다고 생각합니다.

　이것은 참으로 위험한 생각입니다. 제가 믿기로, 본성적인 탁월함뿐 아니라 영적인 탁월함 대부분은 누구나 사용할 수 있는 방편들을 얼마나 성실하게 사용하느냐에 달려 있습니다. 물론 은사가 기적적으로 주어지기를 기대해도 된다는 말이 아닙니다. 사람이 일단 하나님께로 돌이켜 거룩함에 자라가는 일은, 대부분 하나님이 정하신 방편들을 얼마나 성실하게 사용하느냐에 달려 있다는 말입니다. 저는 그리스도인들이 교회 안에서 위대한 성장을 이루는 주된 방편은, 개인기도에 부지런히 힘쓰는 습관에 달려 있다고 단언합니다. 성경의 인물이든 교회사의 인물이든, 가장 탁월한 하나님의 종으로 살다 간 사람들의 삶을 한번 들여다보십시오. 모세와 다윗과 다니엘과 바울에 대한 말씀을 보십시오. 마르틴 루터와 존 브래드퍼드John Bradford와 종교개혁자들에 대한 기록을 보십시오. 조지 윗필드George Whitefield와 에드워드 비커스테드Edward Bickersteth와 로버트 맥체인Robert McCheyne의 개인 경건에 대한 기록들을 보십시오. 탁월한 경건의 삶을 산 순교자와 성도들 가운데, 개인기도라고 하는 가장 두드러진 특징이 나타나지 않는 사람이 있으면 말해 보십시오. 이들은 하나같이 기도의 사람들이었습니다. 제 말을 믿으십시오. 기도는 능력입니다.

    기도를 통해 항상 새로운 성령의 기름부으심이 이어집니다. 성령만이 사람의 마음에 은혜의 역사를 시작하십니다. 성령만이 이 일을 계속하게 하실 뿐 아니라 풍성히 이루어지게 하십니다. 그러므로 선하신 성령은 성도들의 탄원과 간구 듣기를 기뻐하십니다. 성령은 가장 많이 구하는 자에게 가장 많은 역사를 이루십니다.

기도는 고질적인 죄와 마귀를 물리치는 가장 확실한 묘책입니다. 죄의 문제를 붙들고 전심으로 기도하는 사람 앞에서 죄는 물러갈 수밖에 없습니다. 마귀는 하나님께 간구하는 사람에게 계속해서 영향력을 행사하지 못합니다. 결국 떠나갈 수밖에 없습니다. 그렇다면 날마다 우리를 건지시는 위대한 하늘의 의사 앞에 우리의 모든 상황을 펼쳐 보이는 것이 마땅합니다.

은혜 가운데 자라고 싶습니까? 경건하고 헌신된 그리스도인이 되고 싶습니까? 그렇다면 이렇게 묻지 않을 수 없습니다. "기도합니까?"

6. 신자들의 신앙이 퇴보하고 배역에까지 이르는 주된 원인 가운데 하나는 기도하지 않기 때문입니다.

탁월한 신앙고백을 한 후에 다시 신앙이 퇴보하는 경우가 있습니다. 얼마 동안은 신앙의 경주를 잘 합니다. 그러다가 거짓 교사들을 따라 곁길로 빠집니다. 마음이 뜨거울 때는 보란 듯이 신앙을 고백합니다. 베드로가 그랬습니다. 하지만 시험이 오면 주님을 부인합니다. 선한 일에 대한 열심이 사그라지기도 합니다. 바울과 동행하던 마가 요한이 그랬습니다. 데마와 같이, 얼마 동안 사도 바울을 잘 따르다가 다시 세상으로 돌아간 사람들도 있습니다. 누구에게나 일어날 수 있는 일입니다.

배역하고 뒤로 물러나는 자가 되는 것은 비극입니다. 일어날 수 있는 가장 불행한 일 가운데 하나가 바로 그것입니다. 표류하는 배, 한쪽 날개가 부러진 독수리, 잡초로 뒤덮인 정원, 현이 끊어진 하프, 폐허가 된 교회를 보는 것은 참으로 안타까운 일입니다. 그러나 신앙이 퇴보하고 배역에까지 이르는 신자를 보는 것만큼 안쓰럽고 슬픈 일은 없습니다. 상한 양심과 자괴감과 자책을 불러오는 아픈 기억, 하나님의 화살이 관통한 심령, 내면의 참소로 깨어진 영혼. 이와 같은 것들은 지옥을 맛보는 것과 다르지 않습니다. 이 땅에 살면서 지옥을 맛보는 것입니다. 지혜자의 말은 참으로 적절하고 엄중합니다. "마음이 굽은 자는 자기 행위로 보응이 가득하겠고"(잠 14:14).

신앙이 퇴보하는 사람들에게서 공통적으로 드러나는 특징이 무엇입니까? 개인기도를 소홀히 하는 것입니다. 물론 은밀한 타락의 기록들은 마지막 날에 드러날 것입니다. 하지만 그리스도의 목사로, 인간의 마음을 연구하는 사람으로서 제 생각을 말씀드리면, 뒤로 미끄러지는 일은 대부분 개인기도를 소홀히 한 데서부터 시작합니다. 대부분이 그렇습니다.

기도하지 않고 성경을 읽습니다. 설교를 들을 때도 기도하지 않습니다. 기도 없이 결혼합니다. 기도 없이 여행을 떠납니다. 기도하지 않고 거처를 정합니다. 기도 없이 친구들을 사귑니다. 기도 없이 허둥지둥 하루를 시작하고, 기도한다고 해도 건성으로 하고 맙니다. 많은 그리스도인들이 이렇게 해서 결국 영적인 중풍병에 걸립니다. 영적인 내리막길로 치닫고 심각한 타락으로 떨어집니다.

소돔 근처를 배회하던 롯, 쉽게 마음이 휘둘렸던 삼손, 순진했던 아사 왕, 우유부단했던 여호사밧 왕, 분주했던 마르다와 같은 사람들은 지금도 얼마든지 교회에서 찾아볼 수 있습니다. 이처럼 여러 경우에서 흔히 공통적으로 드러나는 사실은, 이들이 개인기도를 소홀히 했다는 것입니다.

사람들이 겉으로 드러나게 타락하기 전부터 이미 개인적인 타락은 은밀히 진행됩니다. 배역의 길에 들어선 것을 사람들이 다 알아채기 전부터 기도하는 일에 현저한 퇴보를 보입니다. 베드로를 보십시오. 먼저 깨어 기도하라는 주님의 경고를 귀담아듣지 않고 맥없이 살다가, 결국 시험이 찾아오자 주님을 부인하는 지경에 이르고 말았습니다.

세상 사람들이 이들의 타락을 주목하고 큰소리로 비웃습니다. 하지만 이들이 타락하는 진짜 이유는 모릅니다. 이교도들은 잘 알려진 그리스도인들을 죽음보다 가혹한 형벌로 위협하면서 우상에 분향하도록 했습니다. 그들이 배교하고 겁내는 것을 보고 승리에 도취되었습니다. 하지만 이교도들은 역사가 우리에게 교훈하고 있는 참된 사실은 알지 못했습니다. 그날 아침 이들은 평소처럼 기도로 제대로 무장하지 않고서 허둥지둥 침실을 떠났던 것입니다.

여러분이 정말 그리스도인이라면 배교자로 드러나지 않

을 것이라고 믿습니다. 그러나 배교하고 퇴보하는 그리스도인이 되고 싶지 않다면, 제가 물어보는 말을 잘 기억하십시오. "기도합니까?"

7. 기도는 행복과 만족에 이르는 가장 탁월한 길입니다.

세상에는 슬픔이 가득합니다. 죄가 들어온 이래로 항상 슬픔이 있어 왔습니다. 죄는 항상 슬픔을 불러옵니다. 세상에서 죄가 사라지기 전에는 슬픔을 피해 보려고 노력해도 부질없는 짓입니다.

사람마다 당하는 슬픔이 각각 다릅니다. 어떤 사람은 훨씬 더 큰 슬픔을 감내해야 합니다. 슬픔이나 염려 없이 오랜 시간을 보내는 사람을 본 적이 없습니다. 우리 몸과 소유, 가족, 자녀, 관계, 동료, 친구, 이웃, 직업 등 이 모든 것들이 염려와 슬픔의 근원이 됩니다. 질병, 죽음, 상실, 낙심, 이별, 분리, 배신, 비난 같은 것들도 마찬가지입니다. 이러한 것들이 없는 삶이란 있을 수 없습니다. 언제든 부닥칠 일들입니다. 애정이 깊을수록 그로 인한 고통도 더 큽니다. 더 많이 사랑할수록 더 많이 울 수밖에 없습니다.

이처럼 슬픔이 가득한 세상에서 기뻐할 수 있는 가장 탁월한 길이 무엇입니까? 이 눈물의 골짜기를 어떻게 하면 고통을 가장 적게 겪으면서 지날 수 있을까요? 제가 아는 한 가장 최선의 길은, 기도로 모든 것을 하나님께 아뢰는 것입니다.

이것은 신구약 성경이 공통적으로 분명히 밝히는 길입니다. 시편기자가 하는 말을 들어 보십시오. "환난 날에 나를 부르라. 내가 너를 건지리니 네가 나를 영화롭게 하리로다"(시 50:15). "네 짐을 여호와께 맡기라. 그가 너를 붙드시고 의인의 요동함을 영원히 허락하지 아니하시리로다"(시 55:22). 사도 바울은 무엇이라고 말합니까? "아무것도 염려하지 말고 다만 모든 일에 기도와 간구로, 너희 구할 것을 감사함으로 하나님께 아뢰라. 그리하면 모든 지각에 뛰어난 하나님의 평강이 그리스도 예수 안에서 너희 마음과 생각을 지키시리라"(빌 4:6, 7). 야고보 사도는 "너희 중에 고난 당하는 자가 있느냐. 그는 기도할 것이요"라고 말합니다(약 5:13).

성경이 말씀하는 모든 성도가 하나님께 기도했습니다.

에서를 두려워했던 야곱이 그러했습니다. 광야에서 이스라엘 백성이 돌로 치려고 할 때 모세가 그렇게 했습니다. 아이성에서 패한 여호수아가 그러했습니다. 그일라에서 위험에 처한 다윗이 그러했습니다. 산헤립의 편지를 받아 든 히스기야가 그러했습니다. 베드로가 감옥에 갇혔을 때 초대교회가 그러했습니다. 빌립보에서 감옥에 갇힌 바울이 그러했습니다.

이러한 세상에서 진정한 복락을 맛보는 유일한 길은, 계속해서 모든 염려를 하나님께 맡겨 드리는 것뿐입니다. 자기 힘으로 짐을 감당하려고 할 때 신자들은 슬플 수밖에 없습니다. 하지만 모든 문제를 하나님께 아뢰면, 삼손이 가사의 성문들을 뽑아 어깨에 메고 간 것처럼 수월하게 감당할 수 있게 하십니다. 자기 힘만으로 문제들을 감당하려고 한다면, 언젠가 메뚜기조차 버거운 짐이 될 수밖에 없을 것입니다.

항상 우리를 도우려고 기다리시는 참되신 친구가 있습니다. 우리는 그분께 우리의 슬픔을 그저 내려놓기만 하면 됩니다. 그분은 이 땅에 계실 때, 가난한 자와 병든 자와 슬

퍼하는 자들을 불쌍히 여기셨습니다. 그분은 사람의 마음을 잘 아십니다. 33년 동안 이 땅에서 우리와 함께 사셨기 때문입니다. 우는 자들과 함께 우셨던 분이었습니다. 그분 자신이 슬픔의 사람이었고 질고를 아시는 분이었기 때문입니다. 우리를 능히 도우실 수 있으며, 고치지 못할 이 땅의 슬픔과 고통이 그분께는 없기 때문입니다. 예수 그리스도가 바로 그분이십니다. 우리가 행복할 수 있는 유일한 길은 항상 우리 마음을 그분께 쏟아 놓는 것입니다. 우리 모두가 온갖 위협과 형벌을 당할 때 "내 주님께 다 말하리라"고 고백했던 가련한 그리스도인 노예와 같이 우리도 할 수 있다면 얼마나 좋겠습니까!

    예수님은 그분을 의지하고 그분께 부르짖는 자들을 행복하게 하실 수 있습니다. 어떤 상황이든 그분께는 문제가 될 수 없습니다. 감옥에서도 평안을 누리게 하실 수 있습니다. 가난한 중에도 만족하게 하십니다. 이별의 슬픔 중에도 위로를 누리게 하시며, 기쁨으로 임종을 맞게 하십니다. 기도로 간구하는 이에게 모든 풍성한 은사를 기꺼이 부어 주시려고 준비해 놓고 기다리십니다. 행복은 결코 외적인 환

경이 아닌 마음의 상태에 달렸다는 사실을 사람들이 알았으면 좋겠습니다.

아무리 무거운 십자가도 기도로 가벼워집니다. 그 짐을 감당하도록 돕는 이가 우리 짐을 져 주시기 때문입니다. 막다른 길에 다다른 것처럼 보여도 기도는 새로운 길을 엽니다. "여기 길이 있으니 이 길로 가거라" 하시는 이가 우리 기도를 들으시기 때문입니다. 막막하고 캄캄해서 아무것도 볼 수 없을 때 기도는 소망의 빛을 가져다줍니다. "너를 버리지도 떠나지도 않겠다"고 말씀하시는 이가 기도를 들으시기 때문입니다. 가장 사랑하는 자를 잃은 사람이 느끼는 공허를 채우고도 남을 위로를 기도를 통해 그분이 주십니다. 파도를 향해 "잠잠하라" 하신 이가 우리 마음을 향해 명령을 발하실 것입니다. 여러분이 바로 곁에 있는 생명샘을 보지 못하고 절망했던 하갈과 같지 않았으면 좋겠습니다.

여러분이 행복하기를 진심으로 바랍니다. 그러므로 이렇게 묻지 않을 수 없습니다. "**기도합니까?**"

이제 글을 마무리해야겠습니다. 지금까지 우리가 심각하게 생각해 봐야 할 중요한 문제들을 모두 말씀드렸다고 믿습니다. 여러분이 이 문제를 가지고 심각하게 고민할 때 하나님께서 여러분의 영혼에 복 주시기를 진심으로 기도합니다.

2장 기도하지 않는 사람들에게

다음으로, 기도하지 않는 사람들에게 몇 가지를 말씀드리겠습니다.

이 글을 읽고 있는 모든 사람이 기도하는 사람이라고 생각지는 않습니다. 그렇다면 하나님을 대신하여 여러분에게 몇 가지를 말씀드리겠습니다.

기도하지 않는 여러분, 제가 여러분에게 할 수 있는 일은 경고를 발하는 것 외에는 없습니다. 지금 여러분은 끔찍한 위험에 직면해 있습니다. 지금과 같은 상태로 죽는다면, 여러분의 영혼은 잃어버린 영혼이 될 것입니다. 영원히 비참한 상태로 부활할 뿐입니다. 그리스도인이라고 자처하는 모든 사람은 전혀 핑계할 수 없습니다. 여러분이 지금 기도하지 않고 살아가는 것을 정당화할 수 있는 핑계는 존재하지 않습니다.

    기도하는 방법을 몰랐다고 해도 소용없습니다. 기도는 모든 신앙의 행위 가운데 가장 단순한 것입니다. 하나님께 말씀드리는 것입니다. 기도하는 데는 학식이나 지혜나 책 읽는 능력이 필요하지 않습니다. 마음과 의지만 있으면 가능합니다. 연약한 아이도 배가 고프면 웁니다. 가장 궁핍한 거지조차 구걸하기 위해 손을 내밉니다. 세련된 말을 찾기 위해 기다리지 않습니다. 가장 못 배운 사람도 마음만 있으면 하나님께 아뢸 수 있습니다.

    기도할 장소가 없다는 평계도 말이 안 됩니다. 기도하고자 하는 마음만 있으면 충분히 기도할 장소를 찾을 수 있습니다. 주님은 산에서 기도하셨습니다. 베드로는 지붕에서 기도했습니다. 이삭은 들에서 기도했습니다. 나다나엘은 무화과나무 밑에서 기도했습니다. 요나는 큰 물고기 뱃속에서 기도했습니다. 어느 곳이라도 골방과 기도실과 베델이 될 수 있고, 하나님이 임재하시는 곳이 될 수 있습니다.

    시간이 없다는 것도 평계가 될 수 없습니다. 시간을 내려고 한다면 얼마든지 낼 수 있습니다. 시간이 짧을 수는 있지만 언제든 기도하기에는 충분합니다. 다니엘은 온 나라의 일을 도맡아 치리했지만 하루에 세 번을 기도했습니다. 다윗은 한 나라의 통치자였지만 "저녁과 아침과 정오에 내가 근심하여 탄식하리니 여호와께서 내 소리를 들으시리로다"(시 55:17) 고백할 정도로 기도의 사람이었습니다. 정말 시간이 필요하다면 언제든지 기도할 시간을 만들 수 있습니다.

믿음과 새 마음을 갖기까지는 기도할 수 없다고 하면서 그때가 오기를 마냥 기다리는 것도 부질없습니다. 죄에 죄를 더할 뿐입니다. 회심하지 않고 지옥으로 가는 것만큼 나쁜 것도 없습니다. 심지어 "나도 압니다. 하지만 긍휼을 베풀어 달라고 기도하지는 않겠습니다"라고 말하는 것은 더 나쁜 경우입니다. 성경과 전혀 상관없는 주장입니다. "너희는 여호와를 만날 만한 때에 찾으라. 가까이 계실 때에 그를 부르라"고 이사야 예언자는 말합니다(사 55:6). "네 하나님 여호와께로 돌아오라"고 호세아 예언자는 말합니다(호 14:1). 시몬 마구스에게 베드로는 "너의 이 악함을 회개하고 주께 기도하라"고 했습니다(행 8:22). 믿음과 새 마음을 원한다면 하나님께로 나아가 그것을 위해 간구하십시오. 기도하려고 애쓰는 시도만으로 죽은 영혼이 살아나기도 합니다.

　기도하지 않고 살아가는 여러분, 도대체 여러분이 누구이기에 하나님께 아무것도 구하지 않는단 말입니까? 지옥의 죽은 자들과 같이 구하지 않기로 약속이라도 했습니까? 그곳의 구더기와 불구덩이와 화해라도 했단 말입니까? 여러분에게는 용서받을 죄가 없습니까? 영원한 형벌에 대한 두려움이 없습니까? 천국을 갈망하지 않습니까? 그렇다면 먼저 그 어리석음으로부터 깨어나야 합니다. 여러분의 종말을 생각해야 합니다. 사망의 잠에서 일어나 하나님을 부르십시오. 많은 사람들이 큰소리로 "주여, 주여, 열어 주소서!"라고 기도할 때가 임박했습니다. 하지만 그때가 되면 모든 것이 너무 늦습니다. 많은 사람들이 바위와 산더러 자기 위로 무너져 자기를 가려 달라고 아우성치는 때에, 하나님께 큰소리로 부르짖지 않아도 될 사람이 어디 있습니까? 애정어린 마음으로 경고합니다. 이것이 여러분 영혼의 마지막 일이 되지 않도록 주의하십시오. 구원이 아주 가까웠습

기도하지 않는 사람들에게

니다. 간구하지 않다가 천국을 잃지 않도록 조심하십시오.

구원에 대한 진정한 갈망이 있기는 하지만 어떻게 첫걸음을 옮겨야 할지 모르는 사람들에게 다시 말씀드립니다. 여러분 가운데 이런 마음 상태에 있는 사람이 있다면, 단 한 명에게라도 애정어린 조언을 하는 것이 마땅합니다.

여행을 하기 위해서는 어김없이 첫걸음을 떼야 합니다. 앉은 자리에서 일어나 앞으로 나아가야 합니다. 이집트에서 가나안으로 가는 이스라엘의 여정은 길고 지루했습니다. 사십 년이 지나고 나서야 요단 강가에 이르렀습니다. 하지만 라마에서 숙곳으로 행진할 때 누군가 앞서 행하는 사람이 있었습니다. 세상과 죄에서 벗어나는 첫걸음을 실제로 떼는 때가 언제입니까? 그것은 온 마음으로 기도하는 바로 그날입니다.

건물을 세울 때 항상 가장 먼저 하는 일은 주춧돌을 놓는 것입니다. 첫 삽을 떠야 합니다. 방주를 짓는 데 120년이 걸렸습니다. 하지만 얼마나 오래 걸렸든 상관없이, 거기에도 노아가 방주를 짓기 위해 쓸 나무를 처음 쓰러뜨린 날이 있었습니다. 솔로몬은 영광스러운 성전을 지었습니다. 하지만 이를 위해서도 예외 없이 거대한 주춧돌을 모리아 산에 깊이 박아야 했습니다. 그렇다면 언제 사람의 마음에 성령의 집이 지어지기 시작합니까? 그것은 바로 기도로 사람의 마음에 성령이 처음 부어지는 때가 아니겠습니까?

여러분, 구원을 바랍니까? 그 구원을 위해 해야 할 일이 무엇인지 알고 싶습니까? 지금 당장 가장 가까운 은밀한 자리를 찾아 주 예수 그리스도께로 가십시오. 그리고 전심으로 여러분의 영혼을 구원해 달라고 기도하십시오.

그리스도는 죄인을 영접하시는 분이라 들었다고 말씀하십시오. "내게 오는 자는 내가 결코 내쫓지 아니하리라"(요 6:37) 하신 말씀을 안다고 아뢰십시오. 여러분이 가난하고 악한 죄인이므로 하나님께서 받아 주실 것을 믿으며 나아간다고 말씀드리십시오. 여러분 자신과 여러분의 모든 것이 하나님의 손에 있음을 고백하십시오. 자신이 악하고 무력하고 희망 없는 존재이며, 하나님이 아니시면 구원의 소망이 전혀 없다고 말씀드리십시오. 죄책과 죄의 권세, 죄의 결과로부터 건져 주시라고 간구하십시오. 여러분의 죄를 용서해 달라고, 그분의 보혈로 여러분을 씻어 달라고 간청하십시오. 새 마음을 주시고 여러분의 영혼에 성령을 부어 달라고 간구하십시오. 은혜와 믿음과 의지와 능력을 주셔서, 지금부터 영원토록 그분의 제자와 종이 되게 해달라고 간구하십시오. 여러분, 여러분의 영혼을 정말 진지하게 걱정한다면, 바로 지금 이 모든 것을 주 예수 그리스도께 아뢰십시오.

여러분의 말과 여러분의 방식대로 아뢰십시오. 의사 앞에서 어디가 어떻게 아픈지 말하는 환자처럼, 여러분 영혼이 느끼는 고통과 질병을 그리스도께 그대로 말씀드리면 됩니다. 그분이 구원해 주지 않으시면 어떻게 될까 두려워하지 마십시오. 여러분은 죄인이지 않습니까? 죄인을 구원하는 것이 예수 그리스도의 일입니다. "내가 의인을 부르러 온 것이 아니요 죄인을 불러 회개시키러 왔노라"(눅 5:32).

자괴감이 든다고 마냥 머뭇거리고 있지 마십시오. 어떤 이유로도 머뭇거리지 마십시오. 머뭇거리는 것은 마귀로부터 오는 것입니다. 그냥 있는 그대로 그리스도께로 나아가십시오. 여러분 자신이 무가치하게 느껴질수록, 여러분의 상황이 더 열악할수록 그리스도께로 곧장 나아가야 합니다. 기다린다고 여러분의 문제가 해결되는 것이 아닙니다.

기도가 어눌하다고 걱정하지 마십시오. 예수님은 여러분을 잘 아십니다. 엄마가 아기의 옹알이를 알아듣는 것처럼, 복되신 우리 주님은 죄인을 잘 아십니다. 한숨마저 알아채시고 신음소리가 무엇을 의미하는지도 모두 아십니다.

기도가 바로 응답되지 않는 것 때문에 낙심하지 마십시오. 예수님은 여러분의 기도를 모두 듣고 계십니다. 응답이 미뤄지는 것에도 마땅한 이유가 있습니다. 오히려 여러분이 간절히 기도하고 있는지 살펴보십시오. 기도는 반드시 응답됩니다. 늦어지면 조금 더 기다려 보십시오. 반드시 응답하실 것입니다.

여러분, 구원받고 싶다면 오늘 제가 드리는 권고를 기억하십시오. 온 마음을 다해 제가 하는 권고대로 정직하게 기도해 보십시오. 여러분은 반드시 구원을 얻을 것입니다.

3장 기도하는 사람들에게

여러분 가운데는 기도가 무엇인지 잘 아는, 양자의 영을 가진 사람들이 있을 것입니다. 그들에게 형제로서 몇 가지 권면과 조언을 드리고자 합니다. 성막에서 향을 피워 드릴 때는 정해진 방식이 있습니다. 아무 향이나 피울 수 있는 것이 아닙니다. 이 사실을 기억하고서 우리가 어떻게 기도하고 무엇을 기도해야 하는지 주의 깊게 살펴봐야 합니다.

기도하다 보면 자신의 기도가 식상하고 싫증이 날 때가 있을 것입니다. "선을 행하기 원하는 나에게 악이 함께 있는 것이로다"라는 사도의 말은 우리가 기도할 때도 그대로 적용됩니다(롬 7:21). "내가 두 마음 품는 자들을 미워하고"라는 다윗의 말이 뜻하는 바가 무엇인지 알 것입니다(시 119:113). 회심한 호텐토트 사람이 "주여, 저의 모든 원수로

부터 구원하소서. 무엇보다 악한 제 자신에게서 구원하소서"라는 기도가 무엇을 말하는지 알 것입니다(호텐토트 사람들은 아프리카 남부에 사는 원시 종족으로 식인 관습이 있다—편집자). 기도하는 하나님의 자녀치고 심한 고난의 때를 지나지 않는 사람이 없습니다. 마귀는 기도하는 우리를 가장 미워합니다. 아무 문제도 초래하지 않는 기도는 일단 의심을 해봐야 합니다. 우리가 드리는 기도가 얼마나 선한 것인지 우리는 제대로 알지 못합니다. 우리가 보기에는 가장 만족스럽지 못한 기도도 하나님을 가장 기쁘시게 하는 기도가 될 수 있습니다. 그렇다면 그리스도인의 싸움을 함께 싸우는 저의 몇 가지 권고의 말을 귀담아들어 주십시오. 적어도 우리 모두가 공통적으로 느끼는 것 한 가지는, 우리가 기도해야 한다는 사실입니다. 절대 기도를 포기해서는 안 됩니다. 계속해서 기도하십시오.

기도를 계속하기 위해서는 겸손과 경외함으로 기도해야 합니다. 우리가 누구인지와, 하나님께 아뢰는 일이 얼마나 엄중한 것인지를 잊지 말아야 합니다. 부주의하고 경솔하게 기도하지 말아야 합니다. 스스로에게 이렇게 말해야 합니다. "내가 있는 이곳은 거룩한 땅, 하늘의 문이다. 정직하게 기도하지 않으면 나는 하나님을 만홀히 여기는 것이다. 내 마음에 죄를 품고 있다면 하나님이 내 기도를 들지 않으실 것이다." 솔로몬의 말을 기억합시다. "너는 하나님 앞에서 함부로 입을 열지 말며 급한 마음으로 말을 내지 말라"(전 5:2). 하나님께 기도할 때 아브라함은 "나는 티끌이나 재와 같사오나 감히 주께 아뢰나이다"라고 했습니다(창 18:27). 야곱 역시 하나님께 말씀드릴 때, 자신을 악하다고 했습니다. 우리도 마찬가지입니다.

신령한 기도를 드리는 것이 얼마나 중요한지요. 성령의 직접적인 도우심으로 기도하고 무엇보다 형식적인 기도를 경계해야 합니다. 개인기도만큼 하나의 형식으로 전락하기 쉬운 것도 없습니다. 날마다 걸어서 반질반질하게 다져진 길을 걷는 것처럼 아무 생각 없이 습관적으로 성경 말씀을 사용해서 유창하게 기도할 수 있습니다. 미묘한 이 문제를 조심스럽게 다뤄 보고자 합니다. 물론 우리가 날마다 구해야 할 것이 있기 때문에 필연적으로 똑같은 기도를 드릴 수밖에 없는 게 사실입니다. 세상과 마귀, 자신의 마음 상태에 대한 기도는 날마다 똑같을 수밖에 없습니다. 그러므로 더욱 조심해야 합니다. 내용과 형식이 일정한 기도는 성령으로 채워지고 덧입혀지도록 해야 합니다. 개인기도 시간에 기도집으로 기도하는 것을 저는 권장하지 않습니다. 책 없이도 의사에게 우리 몸의 상태에 대해 말할 수 있다면, 하나님께도 우리 영혼의 상태를 그처럼 말할 수 있어야 합니다. 다리가 부러져서 회복 중에 있는 사람이 목발을 사용하는 것을 반대하는 것이 아닙니다. 전혀 걷지 않는 것보다 목발이라도 사용해서 걸을 수 있으면 좋은 것입니다. 하지만 일생을 목발을 의지해 사는 사람이 있다면 그를 격려하기보다는, 오히려 그가 목발이 필요 없을 만큼 강건해지기를 바라는 것이 더욱 마땅할 것입니다.

기도를 일과로 정해 놓고 기도하는 것은 중요하고 또한 옳습니다. 일정한 시간을 정해 놓고 기도하는 것은 가치 있는 일입니다. 하나님은 질서의 하나님이십니다. 아침과 저녁 성전에서 희생제사를 드린 것은 의미 없이 그렇게 한 것이 아닙니다. 무질서는 죄의 현저한 특징이기도 합니다. 하지만 저는 그 무엇에 종속되거나 얽매이기를 바라는 것은 아닙니다. 기도를 일상의 규칙으로 삼고 행하는 것이 영혼의 건강에 이롭다는 사실을 말하고 싶을 뿐입니다. 먹고 자고 일하는 시간을 정하는 것처럼, 기도를 위해서도 시간을 정해야 합니다. 자신에게 맞는 시간과 때를 정하십시오. 다른 누구와 말을 시작하기 전에 먼저 하나님과 대화하면서 하루를 시작하십시오. 모든 일을 마치고 잠자리에 들기 전에 하나님과 말씀을 나누십시오. 날마다 기도하는 일이 하루 중 가장 중요한 일 가운데 하나로 자리 잡도록 하십시오. 기도하는 일을 한쪽 구석에 쳐 박아 두지 마십시오. 시간이 남아야 겨우 하는 일 정도로 치부하지 마십시오. 아무리 해야 할 일이 많아도 기도하는 일을 최우선으로 삼으십시오.

계속해서 기도하는 것이 얼마나 중요한지요. 계속해서 기도하기 시작했다면 포기하지 마십시오. "어차피 가정예배를 드릴 텐데 개인기도는 안 해도 되지 않을까?"라는 생각이 일어나는 때가 있을 것입니다. "지금 몸도 안 좋고 졸리고 피곤한데 이런 상태에서까지 꼭 기도해야 하나?"라고 몸이 말할 것입니다. "오늘 중요한 일정이 있는데 짧게 기도하자"라는 생각이 들 수도 있습니다. 이런 제안들은 하나같이 사탄으로부터 온 것이라고 여겨도 좋습니다. 이는 "네 영혼을 소홀히 여기라"는 말과 같습니다. 기도가 항상 똑같은 시간에 똑같은 분량만큼 드려져야 한다는 말은 아닙니다. 기도하지 않을 핑계를 찾지 말라는 것입니다. 계속해서 기도하고 쉬지 말고 기도해야 한다고 바울은 말합니다. 항상 기도하고 있어야 한다는 말이 아닙니다. 꺼지지 않는 성전의 불처럼 기도가 일상에서 계속 타올라야 한다는 말입니다. 파종 때와 추수 때, 여름과 겨울 가릴 것 없이 항상 계속해서 기도해야 한다는 말입니다. 항상 제물을 살라 드리는 것은 아니지만 꺼지지 않고 계속 타올라야 하는 제단의 불처럼 기도도 그러합니다. 아침과 저녁기도를 이어 주는 작은 탄성의 기도들이 사슬처럼 온종일 이어져야 합니다. 사람들과 함께 있을 때도, 일을 할 때도, 거리에서도 잠잠히 하나님께 작은 날개를 단 기도를 하나님께로 계속 보내야 합니다. 아닥사스다 왕 앞에 선 느헤미야가 그랬던 것처럼 말입니다. 하나님께 드려진 시간은 결코 허비되는 것이 아닙니다. 안식일을 기억하여 거룩하게 지킨 것 때문에 나라가 가난해지지 않았습니다. 계속해서 기도에 힘쓴 그리

기도하는 사람들에게

스도인이 결국 패배자로 드러나는 경우는 한 사람도 없습니다.

간절히 기도하는 것이 중요합니다. 큰소리로 울부짖으며 기도해야 간절한 기도라는 말이 아닙니다. 그러나 자신이 하는 일에 정말 마음을 쏟는다면 전심으로 간절히 구하는 것이 마땅합니다. "간절히 드리는" 기도는 "역사하는 힘"이 큽니다. 성경이 기도를 말할 때 쓰는 "부르짖다, 두드리다, 씨름하다, 애쓰다, 힘쓰다"는 표현들이 의미하는 바는 바로 간절함과 열렬함입니다. 성경의 많은 모범들이 이를 가르치고 있습니다. 야곱이 그중 하나입니다. 브니엘에서 야곱은 천사에게 "당신이 내게 축복하지 아니하면 가게 하지 아니하겠나이다"(창 32:26) 하고 전심으로 씨름했습니다. 다니엘도 마찬가지입니다. 그가 하나님께 간구하는 소리를 들어 보십시오. "주여, 들으소서. 주여, 용서하소서. 주여, 귀를 기울이시고 행하소서. 지체하지 마옵소서. 나의 하나님이여, 주님 자신을 위하여 하시옵소서"(단 9:19). 우리 주 예수님은 또 어떻습니까. 성경은 이렇게 말씀합니다. "그는 육체에 계실 때에 자기를 죽음에서 능히 구원하실 이에게 심한 통곡과 눈물로 간구와 소원을 올렸고"(히 5:7). 오늘날 우리가 드리는 기도와는 얼마나 다른 모습입니까! 성경 인물들과 비교해 보면 우리는 참으로 미지근하고 맥없는 기도를 드립니다. 하나님께서 "너희가 기도하는 것들을 정작 너희는 원치 않는다"고 말씀하신다 해도 우리는 할 말이 없습니다. 우리는 이런 모습에서 돌아서야 합니다. 「천로역정 *The Pilgrim's Progress*」에 나오는 '은혜 씨'와 같이 은혜의 문을 크게 두드려야 합니다. 그렇지 않으면 곧 멸망할 사람처럼 그리해야 합니다. 냉랭한 기도는 불 없이 드리는 제사입니다. 위대한 웅변가였던 데모스테네스가 자기에게 찾아와서 하소연한 사람의 이야기를 들은 일화를 생각해 보십시오. 간절함 없이 이야기할 때는 듣는 둥 마는 둥 했지만, 그런 모습을 보고서 찾아온 사람이 온 힘을 다해 그것이 사실이라고 호소하자, 그제서야 데모스테네스는 "아, 이제야 자네의 말이 곧이들리네" 하지 않았습니까?

믿음으로 드리는 기도가 중요합니다. 하나님의 뜻을 따라 드리는 기도라면 하나님께서 그 기도를 들으시고 응답하실 것이라는 사실을 믿음으로 구해야 합니다. 주 예수 그리스도께서 분명히 말씀하십니다. "무엇이든지 기도하고 구하는 것은 받은 줄로 믿으라. 그리하면 너희에게 그대로 되리라"(막 11:24). 믿음과 기도의 관계는 화살과 화살 끝자락에 달린 깃털의 관계와 같습니다. 믿음 없이는 기도가 과녁을 향해 제대로 날아가지 못합니다. 하나님의 약속을 가지고 기도하는 습관을 들여야 합니다. 하나님이 하신 약속을 붙들고 앉아 "주님, 여기 주님이 주신 약속의 말씀이 있습니다. 이제 말씀하신 것을 이루어 주셔야 하지 않겠습니까!"라고 기도해야 합니다. 야곱과 모세와 다윗이 그렇게 기도했습니다. 시편 119편의 많은 간구가 "주의 말씀대로"라는 구절과 더불어 드려집니다. 무엇보다도 기도한 것에 대해 기대해야 합니다. 자신의 배를 먼 바다로 떠나보낸 상선의 주인처럼, 우리가 드린 기도의 응답이 오기까지는 만족하지 말아야 합니다. 하지만 하나님의 약속을 따라 기도하고 그 약속대로 믿고 기다리는 그리스도인을 찾아보기가 얼마나 어려운지요! 예루살렘의 교회는 감옥에 갇힌 베드로를 위해 쉬지 않고 기도했지만, 정작 기도가 응답되자 믿지 않았습니다(행 12:15). "기도한 대로 응답을 받았는지조차 모르는 것처럼 함부로 기도하고 있다는 증거도 없을 것이다." 로버트 트레일Robert Trail의 이 말은 우리가 깊이 새겨 봐야 합니다.

담대하게 기도의 자리로 나아갑시다. 무례하게 여겨질 정도로 하나님께 부적절한 친밀감을 표시하며 기도하는 사람이 있는데, 저는 이런 태도를 수긍할 수 없습니다. 하지만 우리가 바라는 거룩한 담대함으로 기도하는 사람도 있습니다. 이스라엘을 멸망시키지 말아 달라고 기도하는 모세의 모습이 그렇지 않습니까? "어찌하여 애굽 사람들이 이르기를 여호와가 자기의 백성을 산에서 죽이고 지면에서 진멸하려는 악한 의도로 인도해 내었다고 말하게 하시려 하나이까. 주의 맹렬한 노를 그치시고 뜻을 돌이키사 주의 백성에게 이 화를 내리지 마옵소서"(출 32:12). 이스라엘 백성이 아이 성에서 패퇴한 후 여호수아가 보여준 담대함은 또 어떻습니까? "가나안 사람과 이 땅의 모든 사람들이 듣고 우리를 둘러싸고 우리 이름을 세상에서 끊으리니 주의 크신 이름을 위하여 어떻게 하시려 하나이까"(수 7:9). 루터가 보여준 담대함 역시 주목할 만합니다. 그의 기도를 들은 한 사람은 이렇게 말했습니다. "그의 기도 한 마디 한 마디가 얼마나 확신에 차고 생명이 넘치던지! 하나님께 호소하는 사람처럼 경외함으로 기도하는가 하면 사랑하는 아버지나 친구에게 말하듯 소망과 확신에 차서 기도합니다." 17세기의 위대한 스코틀랜드 목사였던 로버트 브루스Robert Bruce의 기도 역시 이런 담대함으로 유명합니다. 그의 기도는 "하늘을 향해 쏘아 올린 번개와 같았다"고 합니다. 이 부분에서도 우리는 정말 부족합니다. 신자의 특권을 제대로 인식하지 못하고 기도할 때가 많습니다. 우리는 "주님, 우리는 주님의 백성이 아닙니까? 우리가 거룩하게 되는 것이 주님의 영광에 합한 일이 아닙니까? 주님의 복음이 널리 전파되는 것이 주님의 영광을 위한 일이 아닙니까?"라고 자주 기도하지 않습니다.

우리는 충분히 기도해야 합니다. 길게 기도하는 척하는 외식하는 바리새인들을 본받지 말라고 하신 우리 주님의 경고를 저도 잘 압니다. 중언부언하지 말라고도 하셨습니다. 하지만 주님은 밤이 맞도록 기도하심으로 친히 충분한 경건의 시간을 갖는 모범을 보여주셨습니다. 사실 오늘날 너무 기도를 많이 하는 것 때문에 걱정할 일은 거의 없습니다. 오히려 많은 사람들이 너무 기도를 짧게 하거나 거의 하지 않는 것이 문제가 아닙니까? 많은 그리스도인들이 실제 기도하는 시간을 모두 더해 놓아도 지극히 미미한 것이 사실 아닙니까? 수없이 많은 사람들의 개인 경건의 시간이 드문드문 있거나 아주 한정적입니다. 살아 있는 것만으로도 충분하다는 식입니다. 이런 사람들은 하나님께 무엇을 얻을 것에 대한 기대가 거의 없습니다. 고백할 것도 없고, 구할 것도 없고, 감사할 것도 없습니다. 무언가 잘못되도 크게 잘못되었습니다. 성장하지 않는 자신의 모습에 불평하는 신자들이 참 많습니다. 자신들이 원하는 만큼 은혜 안에서 자라지 않는다는 것입니다. 사실 자신이 구하는 만큼 은혜를 받는 것이 아니겠습니까? 적게 구했기 때문에 적게 누리는 것이 아니겠습니까? 이런 사람들이 연약한 믿음을 가진 것은, 필요한 무엇이 있을 때만 가뭄에 콩 나듯이, 그것도 조건적으로 후다닥 해치우고 마는 부실한 기도 때문이라고 할 수 있습니다. 그들이 얻지 못하는 것은 구하지 않기 때문입니다. 우리가 어려움을 겪는 이유는 그리스도가 주시지 않아서가 아니라 우리가 구하지 않기 때문입니다. "네 입을 크게 열라. 내가 채우리라"고 하신 분이 우리 주님이 아니십니까! 우리는 대여섯 번 땅을 쳐야 했음에도 세 번 치고 만 이스라엘의 여호아스 왕과 같습니다.

구체적으로 기도해야 합니다. 두루뭉술한 기도로 만족해서는 안 됩니다. 은혜의 보좌 앞에 구체적으로 우리의 필요를 아뢰어야 합니다. 자신이 죄인이라고 고백하는 것만으로는 충분하지 않습니다. 우리 양심이 말하는 죄책을 구체적으로 고백해야 합니다. 거룩을 구하는 기도만으로는 충분하지 않습니다. 자신에게 결여된 은혜를 구체적으로 구해야 합니다. 자신이 어려움 가운데 있다고 말씀드리는 것으로도 충분하지 않습니다. 당면한 어려움을 적시해야 합니다. 자기 형 에서를 만날 것을 두려워한 야곱을 보십시오. 그는 무엇이 두려운지 하나님께 고했습니다(창 32:11). 주인 아들의 신부를 찾고 있던 엘리에셀 또한 그렇게 했습니다. 하나님 앞에 자신의 필요를 자세히 아뢰었습니다(고후 12:8). 이렇게 하는 것이야말로 참된 믿음과 확신입니다. 너무나 소소해서 하나님께 말씀드리지 않아도 될 것은 아무것도 없습니다. 아파서 의사를 찾아간 사람이 구체적으로 자신의 증상을 설명하지 않겠습니까? 남편에게 자신이 행복하지 않다고 말하면서 그 이유를 구체적으로 말하지 않을 아내가 어디 있습니까? 아버지에게 곤란한 일이 있다고 말하면서 그것이 무엇인지 말하지 않을 자녀가 어디 있습니까? 그리스도는 영혼의 참 신랑이십니다. 마음의 참 의사이십니다. 그분 백성의 아버지이십니다. 하나님께 우리 마음의 모든 것을 말씀드림으로써 그리스도가 우리에게 바로 그런 분이시라는 것을 고백합시다. 그분께는 아무것도 숨길 것이 없습니다.

또한 우리는 중보하는 기도를 드려야 합니다. 본성적으로 우리는 모두 이기적입니다. 그러므로 우리는 자신에게 집중하기 쉽습니다. 회심한 사람도 예외는 아닙니다. 자신의 영혼만 생각하고, 자신의 싸움만 크게 느끼고, 자신의 성장만 중요하게 여기면서 정작 다른 사람에 대해서는 그만큼 관심을 갖지 않습니다. 이런 성향을 항상 경계하고 물리쳐야 합니다. 더구나 기도에 있어서는 더욱 그렇게 해야 합니다. 어떻게 하면 다른 사람들을 배려하고 생각하게 될지 고

민해야 합니다. 은혜의 보좌 앞에서 자신의 이름을 부르는 것은 물론이요, 다른 사람들의 이름도 불러야 합니다. 온 세상을 품어야 합니다. 이교도, 유대인, 로마 가톨릭 신자, 참 신자들로 이룬 몸과 신앙을 고백하는 교회, 우리가 사는 나라, 우리가 속한 회중, 우리의 가족과 친척, 그리고 연락을 주고받는 친구들, 직장 동료들을 위해서 기도해야 합니다. 이는 너무나 분명한 사실입니다. 나를 위해 기도하는 사람이야말로 나를 진심으로 사랑하는 사람입니다. 그것은 우리 영혼의 건강을 위한 일이기 때문입니다. 중보기도는 우리의 마음을 넓히고 긍휼히 여기는 마음을 키워 줍니다. 교회에도 얼마나 큰 유익인지 모릅니다. 복음을 전파하는 모든 단체나 조직은 기도로 굴러갑니다. 복음을 위해 기도하는 사람은, 전장의 흙먼지 속에서 여호수아가 싸울 때에 손을 들어 중보하던 모세와 같이 주님의 일을 위해 힘쓰는 사람입니다. 그것은 그리스도를 닮아 가는 일입니다. 대제사장 그리스도께서는 성부 앞에서 그분 백성의 이름을 품고 계십니다. 우리가 기도함으로써 그리스도와 같은 일을 하는 것입니다. 이 얼마나 큰 특권입니까! 기도는 목회자들을 돕는 가장 큰 힘입니다. 제게 회중을 택하라고 한다면, 당연히 저는 기도하는 회중을 택할 것입니다.

아울러 우리는 감사하는 기도를 드려야 합니다. 하나님께 간구하는 것과 하나님을 찬양하는 것은 별개입니다. 하지만 성경을 보면, 이 둘 사이가 긴밀히 연결되어 있습니다. 참된 기도치고 감사가 없는 기도가 없습니다. 바울이 "모든 일에 기도와 간구로, 너희 구할 것을 감사함으로 하나님께 아뢰라"(빌 4:6)고 하는 것을 보아도, 이 둘 사이에는 긴밀한 관계가 있는 것이 분명합니다. "기도를 계속하고 기도에 감사함으로 깨어 있으라"(골 4:2). 우리가 지옥에 있지 않은 것은 하나님의 긍휼 때문입니다. 천국의 소망도 마찬가지입니다. 신령한 빛이 비춰진 나라에 사는 것도 긍휼 때문입니다. 성령으로 부르심을 받을 뿐 아니라 그 부르심의 열매를 우리 스스로 따도록 내버려 두지 않으시는 것도 긍휼 때문입니다. 우리가 여전히 살아 있고 값없이 주시는 은혜와 영원한 자비를 힘입어 하나님을 영화롭게 할 기회를 누리고 있는 것도 하나님의 긍휼 때문입니다. 사도 바울의 편지를 보십시오. 감사로 시작하지 않는 편지가 거의 없습니다. 지난 세기의 조지 윗필드와 에드워드 비커스테드는 항상 감사가 넘치는 사람들이었습니다. 여러분, 우리 시대에 빛으로 드러나고 싶다면 찬양하고 감사하는 사람이 되어야 합니다. 우리의 기도가 감사하는 기도가 되게 해야 합니다.

우리는 깨어 기도해야 합니다. 깨어 있어야 할 수 있는 것이 기도입니다. 여기서 참 신앙이 시작됩니다. 부요한 신앙과 쇠락하는 신앙은 여기서 갈립니다. 사람들이 어떻게 기도합니까? 제가 그들의 영혼이 어떤 상태인지 말해 보겠습니다. 기도는 영혼의 맥박입니다. 기도로 영혼의 건강을 점검해 볼 수 있습니다. 기도는 영적 기상도입니다. 기도를 들어 보면 그 사람의 마음이 어떤 상태인지를 가늠해 볼 수 있습니다. 계속해서 깨어 개인 경건에 힘써야 합니다. 이것이 바로 실천적 기독교 신앙의 진수로 나아가는 길입니다. 설교와 좋은 책들과 모임과 사람들과의 교제 역시 나름대로의 역할이 있습니다. 하지만 이런 것들이 개인기도를 대체하지는 못합니다. 하나님과의 교제를 소홀히 여기거나 기도하는 일을 버겁게 느끼도록 하는 모임이나 관계나 자리를 피하십시오. 그런 곳은 경계해야 합니다. 어떤 친구와 어떠한 일이 여러분 자신으로 하여금 가장 영적인 사고를 하게 하고 하나님께 기도하도록 이끄는지 잘 살펴보십시오. 기도하도록 여러분을 돕는 그 일과 그 자리와 그 관계에 착념하십시오. 분별 있게 기도에 힘쓰는 사람의 영혼은 잘못될 일이 없습니다.

지금까지 저는 여러분이 개인적으로 숙고해 봐야 할 기도에 관한 몇 가지를 말씀드렸습니다. 모든 겸손함으로 그렇게 했습니다. 저만큼 이 모든 것을 계속해서 상기해야 할 사람도 없을 것입니다. 제가 믿기로 이 모든 것은 하나님의 말씀에서 나온 진리이기 때문에, 제 자신과 제가 사랑하는 모든 이들이 더욱더 이 진리로 채워지기를 바랄 뿐입니다.

우리가 살고 있는 이 시대가 기도하는 시대로 기억되면 좋겠습니다. 이 시대의 그리스도인들이 기도하는 그리스도인들이 되기를 바랍니다. 교회가 기도하는 교회로 남으면 좋겠습니다. 이 작은 글을 쓰면서 제가 마음으로 바라고 기도하는 바는, 사람들에게 기도하는 마음이 뜨겁게 일어나는 것입니다. 아직 한 번도 개인적으로 하나님께 기도해 보지 않은 사람들이 지금 일어나 하나님께 부르짖기를 기대합니다. 또한 기도하는 사람들은 그들의 수고가 헛되지 않음을 믿고 의심하지 않기를 바랍니다.